AF240389

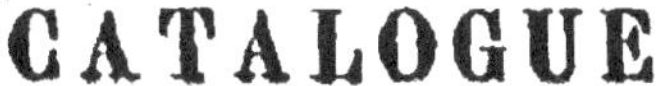

CATALOGUE

DE

BONS TABLEAUX

DES ÉCOLES ANCIENNES,

Et un très beau de MICHEL WEERSTEEGH en 1792,

Qui composaient le Cabinet de Mᵐᵉ PIXEL GRANDCHAMP,

DONT LA VENTE SERA FAITE POUR CAUSE DE SON DÉCÈS.

LE MERCREDI 13 MARS 1850, HEURE DE MIDI,

HOTEL DES VENTES,

RUE DES JEUNEURS, 42.

Par le ministère de Mᵉ **BONNEFONS DE LAVIALLE**,
Et son confrère Mᵉ **GUERREAU**, Commissaires-Priseurs;
Assisté de M. **DEFER**, Expert,

EXPOSITION PUBLIQUE

Le Mardi 12 Mars 1850, de midi à cinq heures.

SE DISTRIBUE A PARIS.

Chez Mᵉ **BONNEFONS DE LAVIALLE**, Commissaire Priseur, rue
de Choiseul, 11;
Mᵉ **GUERREAU**, Commissaire-Priseur, rue de Grammont, 4;
Et M. **DEFER**, Expert, quai Voltaire, n. 21.

—

1849

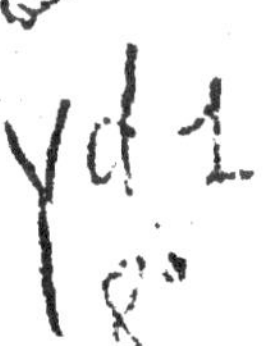

CATALOGUE

DE

BONS TABLEAUX

DES ÉCOLES ANCIENNES,

Et un très beau de MICHEL WEERSTEEGH en 1702,

Qui composaient le Cabinet de Mme PINEL GRANDCHAMP,

DONT LA VENTE SERA FAITE POUR CAUSE DE SON DÉCÈS.

LE MERCREDI 13 MARS 1850, HEURE DE MIDI,

HOTEL DES VENTES,

RUE DES JEUNEURS, 42.

Par le ministère de Me BONNEFONS DE LAVIALLE,
Et son confrère Me GUERREAU, Commissaires-Priseurs;
Assisté de M. DEFER, Expert,

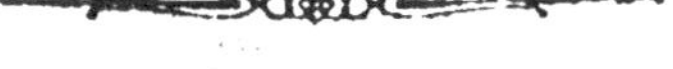

EXPOSITION PUBLIQUE

Le Mardi 12 Mars 1850, de midi à cinq heures.

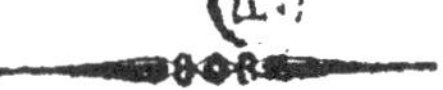

SE DISTRIBUE A PARIS.

Chez Me BONNEFONS DE LAVIALLE, Commissaire-Priseur, rue
de Choiseul, 11;

Me GUERREAU, Commissaire-Priseur, rue de Grammont, 4;

Et M. DEFER, Expert, quai Voltaire, n. 21.

1850

CONDITIONS DE LA VENTE.

Elle sera faite expressément au comptant.

Les acquéreurs paieront, en sus des adjudications, cinq pour cent, applicables aux frais de vente.

AVERTISSEMENT.

———

Les tableaux dont nous donnons le catalogue ont été acquis par M. Pinel Grandchamp, de 1790 à 1816, dans les diverses ventes faites par MM. Le Brun, A. Paillet, Delaroche et autres experts dirigeant les plus belles ventes de ce temps. La vente est faite par suite du décès de M⁻ᵉ vᵉ Pinel Grandchamp, et pour cause de liquidation de succession, aucuns tableaux n'y sont étrangers, et ils seront tous livrés sans restriction à la chaleur des enchères.

Nous appellerons l'attention de MM. les amateurs sur plusieurs d'entre eux qui nous ont paru dignes d'être remarqués, tels que ceux catalogués sous les nᵒˢ 6, 7, 12, 13, 14, 16, 28, 30, 40, 52, 60, 67, 70, 73, 74, 76.

DÉSIGNATION

DES TABLEAUX.

1 — ALBANE (composition de l'). Dieu dans sa gloire. Tableau de forme ovale.

2 — BASSAN. Nativité. Tableau sur cuivre, composition gravée.

3 — BON BOULOGNE. Sainte Marguerite en prison.

4 — BOURGUIGNON (Jacques-Courtois dit le). Combat de cavalerie.

5 — BOSSCHART (Charles). Deux tableaux. Groupe de fleurs et de fruits dans des vases, avec figures d'enfants.

6 — BREUGHEL dit BREUGHEL DE VELOURS (Jean). Village hollandais, sur le bord d'une rivière que cotoye un chemin animé de diverses figures, animaux et voitures. Tableau capital du maître.

7 — DU MÊME. Pendant du précédent tableau. Composition analogue et aussi capital d'exécution.

8 — CARRACHE (école de). La Vierge et l'Enfant-Jésus.

9 — CARRACHE (école de). Saint Jérôme.

10 — CARRACHE (école de). Christ mort.

11 — CAZIER, 1776 (signé). Deux paysages à la gouache.

12 — CHARPENTIER. La lanterne magique, trois figures. Joli tableau dans le goût de Greuze.

13 — CHAMPAIGNE (Philippe de). L'ange gardien conduisant un enfant au séjour des bienheureux. Dans le fond du tableau l'échelle de Jacob. Beau tableau. On lit au bas en caractère romain : PHILIPPUS DE CHAMPAIGNE FACIEBAT, ANNO 1654. Ce tableau ornait un autel dans la chapelle des Incurables, fondé en 1627, par le cardinal de La Rochefoucauld.

14 — CUYP (Albert). Deux portraits d'homme et de femme représentés presque à mi-corps, dans des habillements noirs, selon l'ancien costume, avec ajustement de fraise et collerette de batiste. Ces morceaux d'une vérité frappante et d'une grande fraîcheur de

carnation, justifient la renommée et les grands talents de leur auteur. On lit sur le portrait d'homme *ætatis 50, obyt 1631, A. Cuyp*. Au portrait de femme *A. Cuyp. fecit. 1655.* Ces deux très beaux portraits viennent de la vente de M. Sarrazin, agent de change, auquel catalogue nous empruntons la description.

15 — CUYP (composition d'Albert). Des cavaliers et divers animaux au repos dans une prairie. Bon tableau d'un ton chaud et doré, qui rappelle le maître auquel il est attribué.

16 — DANIEL DE VOLTÈRE. Christ en croix. Au pied de la croix la Madeleine, la Vierge et saint Jean.

17 — DOES (Van der). Un berger et son troupeau de chèvres et de vaches. Tableau sur bois.

18 — ELZHEIMER (Adam). Paysage avec épisode de la fable. Latone et ses enfants.

19 — EVERDINGEN (Albert Van). Une forêt; parmi le massif d'arbres de gauche, on remarque des sapins. A droite un chemin sur lequel se voient plusieurs jolies petites figures dignes du pinceau de Van De Velde, dont un Fauconnier. Très bon tableau d'un maître rare surtout dans les tableaux de chevalet, tel que le nôtre.

20 — GUIDE (Guido Reni dit le). Sujet mystique. La Vierge dans le ciel entourée d'anges, apparaît à la Madeleine et sainte Agnès.

20 bis — FRAGONARD (M.). Un chasseur. Grand dessin au crayon noir, très terminé.

21 — GUIDE (école du). Madeleine les bras croisés sur sa poitrine.

22 — INCONNU. Jugement de Pâris.

23 — INCONNU. Le miracle de l'hostie. Un saint prélat à genoux et plusieurs religieuses assistent au miracle.

24 — INCONNU. Paysage dans un cadre ovale. Sculpté.

25 — JOUVENET (Jean). Jésus à table avec les pèlerins d'Emaüs, effet de lumière. Bon tableau.

26 — KERLITZ. La tentation de saint Antoine.

27 — LACROIX. Marine, côte d'Italie. Effet de soleil couchant.

28 — LAIRESSE (Gérard de). Héliodore chassé du Temple. Belle et grande composition d'une savante exécution.

29 — LANFRANC (attribué à Jean). Vénus et Adonis. Près d'eux l'Amour.

30 — Mme LEBRUN, née VIGÉE. Portrait du jeune Vigée, frère de l'artiste; il tient un carton sous le bras. Charmante peinture.

31 — Mlle LEDOUX (attribué à). Femme nue couchée.

32 — LENAIN. Sujet familier. Composition de cinq figures, dont à droite un paysan et sa femme à table. A gauche deux jeunes filles et un jeune garçon jouant de la flûte.

33 — LENAIN. Le repos après le repas. Composition de sept figures dans un intérieur.

34 — MIGNARD. Portrait d'un jeune seigneur de la cour de Louis XIV, sous la figure d'un ange.

35 — MIGNARD. Vierge de douleur.

36 — MOLNAER. Un hiver en Hollande. Tableau sur bois.

37 — MOMERS. Paysage. Un pâtre endormi près de son troupeau.

38 — MOMERS. — Paysage. Au premier plan une bergère trait une vache, un vieux berger lui tient conversation.

39 — MOUCHERON. Paysage traversé par une rivière. A gauche sur un rocher les ruines d'un vieux château.

40 — OUDRY (Jean-Baptiste). Deux bons et grands tableaux de décoration, représentant chacun un chien en arrêt, dans un paysage. A l'un d'eux la signature du maître et à la date 1765.

41 — PASSANTE. Saint Barthélemy, dans le goût de Ribera.

42 — PAUL POTTER (attribué à). Un taureau dans un paysage. Tableau sur bois.

43 — PAUL POTTER (d'après). Bonne copie du fameux tableau du taureau.

44 — PAUL VERONÈSE (attribué à). L'adoration des rois. Composition d'un très grand nombre de figures. Sur un plan éloigné le portique d'un palais en construction, où se voit la suite des mages.

45 — DU MÊME. Le Massacre des Innocents. Composition d'un grand nombre de figures, la scène se passe dans un riche palais. Ce tableau fait le pendant du précédent.

46 — PATEL. Paysage avec ruines d'un ton chaud et doré à l'imitation du Claude. Au premier plan plusieurs personnages font de la musique.

47 — PATEL (Pierre). Paysage avec architecture; au premier plan Jésus avec ses disciples.

48 — PATEL (Pierre). Paysage avec ruine. Joli petit tableau.

49 — PETER NEEFS (genre de). Intérieur d'église.

50 — PIERRE DE LAER. Une grotte en avant de
laquelle sont des bergers et des chasseurs.

51 — PRÉVOST. Deux tableaux. Bouquets de fleurs
dans des vases.

52 — RIBERA dit l'*Espagnolet*. Saint Jérôme. Bon
tableau de galerie.

53 — RUBENS (Ecole de). Repas des Dieux. Tableau
sur bois.

54 — RUYSDAEL (Salomon). Village hollandais.

55 — DU MÊME. Vieux château avec tourelle, au
bord d'une rivière.

56 — SENAVE. Intérieur familier. Tableau sur
bois.

57 — SKALKEN (signé). La Flagellation de Jésus-
Christ.

58 — SMITH. Deux tableaux faisant pendant. Ils re-
présentent des combats navals. Bons tableaux.

59 — STOLK (Abraham). Un canal dans l'intérieur
d'une ville de Hollande.

-60 — SUBLEYRAS. Adoration des Mages. Bon tableau d'une riche ordonnance de composition et d'une savante exécution; il est encadré dans un riche cadre sculpté.

61 — TÉNIERS (attribué à David). Marine. Embarcations sur des eaux agitées. Petit tableau sur bois.

62 — TÉNIERS (attribué à David). Les Joueurs de boule à la porte d'une buvette hollandaise.

63 — TÉNIERS (école de). Les Quatre Saisons. Suite de quatre petits tableaux sur bois.

64 — TÉNIERS (genre de David). Danse de village.

65 — TILBORG. La faiseuse de gauffres.

66 — TREVISANI. Sainte Famille à laquelle des anges apportent des fruits. Tableau très fin de ton et sur cuivre.

67 — VAN BALEN (Henri), KIERINGS et VAN KESSEL. Diane et ses nymphes. Tableau capital, il est sur bois.

68 — VAN DE VELDE (attribué à). Marine. Tableau sur bois.

69 — VAN DER CABEL. Une marine.

-70 — VAN GOYEN. Village de Hollande, une charrette et des voyageurs arrêtés à la porte d'une auberge. Excellent tableau du maître, il est sur bois.

71 — VAN ORLEY (Bernard). Christ en croix, à droite la Vierge évanouie, dans le fond la ville de Jérusalem. Tableau sur bois.

72 — VAN ROMYN. Beau paysage, au premier plan un berger et son troupeau. Bon tableau d'une couleur chaude rappelant Both d'Italie.

73 — VAN UDEN. Une forêt où se voient à gauche quelques chaumières; au premier plan sur un tertre sablonneux des petites figures et animaux. Très bon tableau.

74 — VER BOOM. Beau paysage, entrée de forêt ornée de plusieurs jolies figures par Lingelbach.

75 — VERNET (attribué à). La cascade.

76 — VERNET (genre de). Une marine.

-77 — VRIES (de). Paysage hollandais où se voient les ruines d'un ancien château fortifié.

78 — WEENIX (manière de). Un canard mort.

79 — WEERSTEEGH, *fecit* 1792, DORT (Signé Michel). Le sujet d'une réunion de famille dans un intérieur, prenant le thé selon l'usage hollandais, dans une soirée d'hiver. Morceau d'une admirable magie de clair-obscur par les différents effets de lumière et du feu d'une cheminée qui occupe le milieu de la chambre. On y compte cinq personnages dont l'artiste lui-même vu par le dos et dans la demi-teinte, produisant un contraste vigoureux dans la composition. Ce beau tableau, dans l'artiste a reçu les suffrages les plus flatteurs et la somme de 1,000 ducats que lui a comptée un amateur français (M. DE LANGEAC, *ce que nous apprend une lettre d'envoi du tableau*), qui en a été frappé d'admiration, et les professeurs de son école qui lui ont décerné le titre de successeur de G. DOW et SCHALKEN, pour les effets de lumière qu'il a constamment étudiés, et la perfection du plus précieux fini. Ce tableau que nous offrons est l'ouvrage le plus considérable et le plus riche dans ses détails qui soit sorti du pinceau de cet habile artiste dont les productions sont extrêmement rares.

Ce tableau a été acheté à une vente faite pour M. de Langeac, en décembre 1811, par M. Pinel Granchamp ; il n'a jamais voulu s'en défaire, malgré le prix très élevé qui lui en a été plusieurs fois offert par de grands amateurs et pour des Musées étrangers.

81 — 80 — ZURBARAN. Tête de vieillard d'un grand caractère.

81 — ZUCCHARELLI. Riche paysage avec figure.

82 — Deux peintures sur verre, costumes turcs.

83 — Un trompe-l'œil.

84 — Sept gravures d'après *Greuze* et autres maîtres.

85 — *Terre cuite.* Un enfant tenant un oiseau.

86 — Beau buste en marbre de César.

87 — Les articles omis.

Imprimerie Maulde et Renou,
rue Bailleul, 9-11.